Couvertures supérieure et inférieure
manquantes

UNE

JOURNÉE A TOULON.

UNE

JOURNÉE A TOULON

par

OCTAVE TEISSIER

CORRESPONDANT DU MINISTÈRE DE L'INSTRUCTION PUBLIQUE
POUR LES TRAVAUX HISTORIQUES.

TOULON

TYPOGRAPHIE D'E. AUREL.

RUE DE L'ARSENAL, 73.

1864.

SOMMAIRE

NOTICE HISTORIQUE

LA VILLE DE TOULON

DEPUIS SON ORIGINE

JUSQU'A SA RÉUNION AU COMTÉ DE PROVENCE.

Toulon est désigné sous le nom de *Telo-Martius* dans l'*Itinéraire maritime* d'Antonin, qui fut publié vers la fin du deuxième siècle. Il résulte, en outre, d'un passage de la *Notice de l'Empire*, que les Romains y avaient établi une teinturerie en pourpre.

Toulon existait donc il y a seize siècles ; mais il est probable que sa fondation remonte à une époque beaucoup plus reculée.

Une récente découverte archéologique donne une grande force à cette hypothèse. On a trouvé, en construisant le nouveau théâtre, une belle mosaïque qui déjà du temps des Romains avait disparu sous une couche de terre ; plusieurs tombes, creusées sur le terrain supérieur et s'enfonçant à une certaine profondeur l'avaient crevée en divers endroits.

Les travaux effectués dans les environs de Toulon, pour élargir le chemin de la Valette, pour déplacer le cimetière, ou pour établir la gare du chemin de fer, ont mis à jour un grand nombre de sépultures romaines, qui attestent que *Telo-Martius* n'était pas sans importance.

Telo-Martius, appelé plus tard *Teloneo, Teloneum, Tholonum, Tholon* et enfin *Toulon*, eut un siége épiscopal dès le V⁰ siècle. *Honorat*, qui occupait ce siège en 451, fut l'un des souscripteurs de la lettre synodique adressée au Pape Saint-Léon, par les évêques des Gaules, au sujet de l'hérésie d'Eutichès. Il eut pour successeurs : *Saint Gratien*, qui souffrit le martyre en l'an 481 ; - *Saint Cyprien*, disciple de Saint-Cézaire et patron de Toulon, mort en 546; – *Pallade*, qui envoya en 554 un député au concile d'Arles ; — *Didier*, qui assista au concile de Paris, en 573 ; — *Mennas*, à qui Saint Grégoire-le-Grand écrivit pour lui recommander des moines qui se rendaient en Angleterre ; - et *Taurin*, qui fut un des membres du concile tenu à Rome en 681.

A partir de Taurin, et jusqu'à Eustorge qui fut, en 879, un des électeurs du roi Boson, les actes des conciles ne font plus mention d'aucun évêque de Toulon. On suppose que Toulon fut ruiné de fond en comble pendant ces deux siècles, et que le siége épiscopal de cette ville cessa d'être occupé.

La Provence était alors désolée par les Sarrasins, qui parcouraient sans cesse le pays, pillant et détruisant les églises, les monastères, les châteaux et les villes elles-mêmes. Toulon, plus qu'aucune autre cité, eut à souffrir de leurs incursions. Vers la fin du X⁰ siècle, son territoire dépeuplé, ses terres sans culture appartenaient à qui voulait s'en emparer. C'est du moins ce que disait Pons, Abbé de Saint Victor, dans un acte qu'il rédigea pour conserver le souvenir des conventions passées entre son prédécesseur et le Vicomte de Marseille.

La ville et le territoire de Toulon appartenaient, en 993, à Guillaume Iᵉʳ, vicomte de Marseille.

L'un des successeurs de ce vicomte, Hugues-Geoffroy III, se trouvait à Toulon en 1178, lorsque la ville fut surprise et saccagée par les Sarrasins. Les historiens racontent qu'il fut emmené à Maïorque avec un de ses neveux et un grand nombre d'habitants.

Pendant sa captivité, la seigneurie de Toulon fut administrée par l'un de ses frères, nommé Guillaume, qui avait reçu en partage la vicomté de Marseille. Ce Guillaume fit, en 1180, un traité avec Raymond-Béranger, comte de Provence, au sujet de l'exploitation des mines qui se trouvaient aux environs de Toulon. Il fut convenu que le produit des mines serait divisé en trois parts, dont une pour les entrepreneurs, une pour le vicomte et la troisième pour le comte de Provence, qui s'engagea, de son côté, à défendre et protéger Toulon et son territoire, ainsi que les habitants de cette ville, voyageant sur terre ou sur mer.

Malgré la protection du Comte, la ville de Toulon fut encore dévastée par les Maures qui, au dire de l'historien Bouche, y vinrent le 4 Août 1197, massacrèrent une partie de ses habitants et emmenèrent le surplus en captivité, après avoir brûlé tous les édifices et toutes les maisons.

Il y a beaucoup d'exagération dans ce récit, que Bouche prétend avoir extrait des archives ecclésiastiques ; car divers actes, dans lesquels interviennent les évêques de Toulon, démontrent que la ville ne fut pas entièrement abandonnée.

Ainsi Didier, qui dans le premier mois de cette même année 1197, avait terminé les différends survenus entre les Templiers et Amiel de Cuers, fut choisi comme arbitre, en 1198, par l'Archevêque d'Arles et l'Abbé Saint-Gervais de Fos ; et, Pons Rausin, son successeur, procéda, le 3 Octobre 1201, à la translation des reliques de Saint Cyprien, que l'on venait de découvrir dans un des murs de la chapelle épiscopale.

Le nom de la ville de Toulon est encore mentionné dans quelques documents, mais toujours à propos de faits se rattachant à l'histoire ecclésiastique. C'était il est vrai, le moment où l'hérésie des Vaudois occupait tous les esprits et où l'intérêt religieux dominait. Notre ville, elle-même subit, en 1207, l'influence générale. La chronique de Montrieux raconte à ce sujet le trait suivant :

« L'an 1207, et le 3 Octobre, la procession nouvellement instituée en l'honneur du très-glorieux Saint Cyprien, premier évêque de Toulon, bienfaiteur et patron de son église, passait devant une maison où se faisaient d'habitude les prédications des Vaudois qui y étaient en nombre ; elle s'y arrêta : notre vénérable évêque ordonna à ces ennemis de Dieu et de l'Eglise de mettre fin à leurs discours impies. Ce qu'ils ne firent pas. Alors le peuple pénétra dans la maison et en chassa les hérétiques jusques en dehors des murs de la ville, où ils ne rentrèrent plus. »

Un peu plus tard, la croisade contre les Albigeois entraîna des désordres inouis et jeta la Provence dans l'anarchie. Quelques communes en profitèrent pour accroître leur indépendance ; mais ailleurs, le brigandage s'organisa sur une large échelle ; des ban-

des de routiers se mirent à parcourir le pays, dé-
troussant les voyageurs, pillant les campagnes.
Sur le littoral, les habitants des petits bourgs, fati-
gués d'avoir à repousser les attaques des pirates,
tinrent eux-mêmes la mer et rendirent toute navigation impossible.

Il faut attribuer à ces actes de piraterie, beaucoup
plus qu'au développement du commerce, les traités
de paix qui furent passés vers ce temps là entre quelques villes maritimes. Ainsi, quand l'archevêque et
le vicomte de Narbonne firent promettre aux seigneurs de Toulon, par un acte du 12 des calendes
de mars 1224, de protéger leurs sujets sur terre et
sur mer, ils n'eurent en vue évidemment que d'obtenir plus de sécurité pour leurs navigateurs, qui ne
pouvaient s'approcher des côtes de Toulon sans être
inquiétés. Et quand, l'année suivante, la commune
de Montpellier envoya des députés aux seigneurs de
Toulon, en même temps quelle en adressait aux ma-
gistrats municipaux de Marseille, de Nice, de Gênes
et de Pise, pour conclure des traités, il fut surtout
question des brigandages commis, du pardon des in-
jures et de la nécessité de vivre en paix.

A cette époque, les Toulonnais ne possédaient en-
core aucune liberté communale : les seigneurs de
Toulon, qui étaient Rostang d'Agout, Raymond
Geoffroy et Gaufridet (de la maison des vicomtes de

Marseille), jurèrent la paix au nom de leurs chevaliers et de leurs hommes. Mais, en 1235, dans un différend survenu entre les mêmes seigneurs et ceux d'Ollioules, au sujet des limites territoriales, on voit figurer les habitants de Toulon, qui ne sont plus les hommes du seigneur, *nostros homines*, mais bien les hommes de Toulon, *homines civitatis Tholoni.*

Tel fut le début de l'émancipation communale à Toulon.

Quelques années après, les Toulonnais avaient le droit de se réunir en parlement public, pour s'occuper des affaires de la communauté, ou pour nommer des députés, quand les circonstances l'exigeaient. On lit, en effet, dans une charte dont l'original existe encore, et figure parmi les parchemins de nos archives, que Guillaume Martin, citoyen de Toulon, fut désigné en 1252 par l'universalité des habitants de cette ville, pour aller à Castellane, auprès de Sibille, dame de Tretz et de Toulon, solliciter la confirmation des anciens priviléges et en obtenir de nouveaux s'il était possible. Et la dame Sibille, accueillant cette requête avec bienveillance, s'empressa après avoir pris l'avis et le consentement de son mari, Boniface de Castellane, de confirmer les priviléges concédés aux Toulonnais par ses prédécesseurs. Elle fit plus, elle leur accorda la remise perpétuelle du droit de quête.

Sibille était la fille de Gaufridet, l'un des trois seigneurs de Toulon, et de Guillaumine de Blacas. Elle avait épousé Gilbert de Baux, son cousin germain, qui mourut le 10 des calendes de septembre 1234, et fut enseveli dans l'église cathédrale de Toulon. L'inscription gravée sur son tombeau par les soins de Sibille a été seule conservée, on l'a scellée, lors de la reconstruction de l'église, sur l'un des murs de la façade, où on peut encore la déchiffrer sans difficulté.

Gilbert avait laissé en mourant tous ses biens à Sibille, sous la condition expresse qu'elle ne se remarierait pas. Mais Sibille, qui était jeune encore, renonça à la succession de son mari, et épousa en secondes noces, Boniface de Castellane, seigneur de Riez.

Son bonheur ne fut pas de longue durée. Boniface de Castellane se révolta contre Charles Ier, qui le dépouilla de tous ses biens et l'expulsa de la Provence. Sibille conserva son patrimoine, mais elle fut sans doute obligée de promettre au suzerain irrité de lui en abandonner une partie après sa mort ; car, le 14 août 1261, « se voyant au terme de sa vie ; atteinte » de maladie corporelle, mais saine d'entendement », elle l'institua son héritier et lui légua tous ses droits sur les seigneuries de Toulon et de Tretz.

L'année suivante, Isnard d'Entrevènes et Reforciat, qui avaient hérité de la partie de la seigneurie de Toulon , appartenant aux oncles de Sibille , cédèrent tous leurs droits sur cette ville au même prince, en échange de quelques autres domaines moins importants.

Par suite de ces échanges et du testament de Sibille, Charles d'Anjou , comte de Provence, devint seul seigneur de la ville de Toulon , qui demeura unie au domaine comtal (1).

CATHÉDRALE.

FONDATION ET AGRANDISSEMENTS. — L'église cathédrale de Toulon, placée sous le vocable de Notre-Dame, a été successivement agrandie. Il est assez difficile de se rendre un compte exact des diverses transformations qu'elle a subies depuis sa fondation ; cependant, cette tâche a été tentée plusieurs fois : MM. Vienne, Henry et Rossi ont publié de savantes dissertations sur ce sujet. Les conclusions du dernier monographe de la cathédrale sont celles-ci ·

« Une église de modestes dimensions existait au

(1) Cette étude forme le premier chapitre d'une notice sur la commune de Toulon, qui paraîtra prochainement dans la *Géographie historique et statistique du département du Var*.

vi^e siècle. Cette église fut détruite et refaite au xie siècle dans la partie méridionale de celle qui existe aujourd'hui. — Bâtie dans le style roman, elle était orientée, c'est-à-dire elle s'étendait de l'ouest à l'est, une tour, servant de narthex (porche), en garantissait l'entrée.

« Cette église subit de nouvelles vicissitudes au xiie siècle, et à sa réédification, qui eut lieu au déclin de ce siècle, on adopta l'ogival pur avec des arcades, à double rang de claveaux, retombant sur des piliers à bases et formes prismatiques. En 1609, elle reçut un appendice là où se trouve aujourd'hui le magasin des chaises. En 1653, on procéda à son agrandissement définitif sur le plan actuel (1). »

Il y a lieu de remarquer que l'ancienne église qui allait du couchant au levant, tourne aujourd'hui son chevet au nord ; en sorte que la longueur de l'ancienne église est devenue la largeur de la nouvelle.

Façade. — L'architecture de la façade est digne d'attention sans être très-remarquable. Deux colonnes accouplées, d'ordre corinthien, reposant sur leur stylobate, soutiennent la corniche avec son fronton à double saillie ornée d'un bas-relief, et séparent les trois portes d'entrée, qui sont entourées de pi-

(1) *Etude archéologique sur la Cathédrale de Toulon,* par Rossi, p. 26.

lastres ioniques. Au-dessus de la grande porte du milieu, s'ouvre une croisée octogone.

INTÉRIEUR DE L'ÉGLISE. — Les dimensions intérieures de la cathédrale ne sont nullement en rapport avec les proportions monumentales de la façade. Aussi est-on surpris, quand on pénètre dans l'église, de la trouver si peu profonde. Le même désaccord existe entre le style de l'intérieur, qui appartient au gothique de transition, et celui de la façade, auquel on a reproché d'être surabondamment chargé de réminiscences païennes.

LE CHOEUR. — Le Maître-Autel, récemment exécuté sur les dessins de M. Revoil, architecte diocésain, est très-riche, mais il ne s'harmonise pas assez avec l'ensemble du monument. (1). Les peintures murales sont dues à deux jeunes artistes, MM• Bonnifay et Calmette. Le premier a peint les figures, qui représentent Moïse, Elie et les douzes apôtres, et le second a exécuté les ornementations.

(1) Le bas-relief en marbre, représentant la Vierge mise au tombeau, qui ornait l'ancien autel, a été conservé. On doit le placer dans la chapelle du *Corpus Domini*. Ce bas-relief, dû au ciseau de Verdiguier, est une œuvre très-estimée.

L'ancien autel avait été construit, en 1745, aux frais de MM. les chanoines Brun et Imbert. L'initiative de la restauration actuelle du chœur, appartient à M. le chanoine Bertrand, curé de la cathédrale, qui a été puissamment secondé par les dons des fidèles et par les subventions municipales.

CHAPELLE CORPUS DOMINI. — « Cette chapelle est remarquable par une composition mélangée de sculpture et d'architecture, qui en remplit le fond. Deux colonnes torses, dans le goût de celles du siècle de Léon X, s'élèvent derrière l'autel en marbre de couleur ; deux statues, saint Pierre et saint Paul, séparent ces colonnes de deux pilastres latéraux en brèche rouge, largement veinée. Au sommet de la composition, Dieu le Père étend son bras, par un geste magnifique, et semble bénir l'adorable sacrifice de son fils, offert chaque jour aux hommes ; des rayons s'élancent, qui entourent des anges et des chérubins. Ces êtres saints et gracieux se soutiennent avec leurs ailes en vivante guirlande autour de l'Eternel, et présentent des groupes d'une grâce exquise. Deux thuriféraires en marbre blanc et de grandeur naturelle, tenant chacun un encensoir fumant, sont agenouillés au-dessus de l'autel dans une attitude ravissante ; ces deux figures sont des chefs-d'œuvre.

« L'effet général de ce *tableau*, exécuté en demi-bosse, impressionne fortement. Il y règne un air de grandeur et de puissance qui remue l'âme. Le Créateur dominant la scène, la grâce des chérubins, la pure et noble attitude des anges offrant l'encens au glorieux corps de Jésus-Christ renfermé dans l'hostie sainte, m'ont retenu fort longtemps. L'admirable

travail dont je viens de parler est de Christophe Vey-
rier, élève distingué de Puget : il a là, parfois, égalé
son maître. » — A. MEYER.

Deux beaux tableaux décorent les murailles latérales de cette chapelle, à gauche : *Le triomphe de l'Eucharistie*, par Jean-Baptiste Vanloo, et à droite :
Melchissédec bénissant Abraham, copie de Raphaël,
par Achard.

CHAPELLE DE LA VIERGE. — Le sommet de l'arcade
en ogive, qui forme l'entrée de cette chapelle, sert de
socle à une console sur laquelle s'élève une très-
belle statue, de 1660 ; elle est en bois et représente
Marie tenant au bras son enfant. Deux anges sont
debout à l'extérieur de la niche où elle est placée.
Cette statue fut offerte par la ville à la suite d'un
vœu qu'elle avait fait, en 1657, pour avoir été pré-
servée de la peste.

La décoration du fond de la chapelle représente
l'Assomption de la Vierge, composition médiocre
exécutée par Nicolas-Maria Bertoluzzo. « On ne voit
là, dit un critique sévère, que des jambes et des
pieds s'agitant en tumulte au milieu de nuages bé-
névolement arrondis. »

Sur les murailles latérales, on remarque deux tableaux récemment restaurés : à gauche, une *Notre-
Dame du Mont-Carmel*, avec saint Honorat et saint

Cyprien, par Dalmeric, peintre flamand ; à droite, l'*Eucharistie adorée par les anges*, de Volaire.

Sous la coupole qui précède la chapelle de la Sainte Vierge, est un grand et magnifique tableau représentant l'*Assomption*, signé L. R., et attribué à Mignard, le Romain.

Dans la même nef, en descendant vers la porte, l'*Annonciation*, de Puget, se fait remarquer au-dessus de la chapelle de Ste-Philomène, située elle-même près du baptistère. Cette œuvre a été maladroitement restaurée par un barbouilleur nommé Simonet.

AUTRES TABLEAUX. — Les tableaux que l'on voit en entrant dans l'église, et qui sont situés sur les deux premiers piliers de la grande nef, appartiennent : celui de gauche, à Paulin Guérin, artiste toulonnais, dont le musée vient d'acquérir deux belles toiles, et l'autre, à M. Victor de Clinchamp.

En remontant, dans la nef latérale de droite, on trouve encore deux tableaux qui paraissent dignes de fixer l'attention des connaisseurs. Le premier, situé sur la chapelle de Saint Michel, représente *Constantin* frappé de la vision du *signe*, qui devait lui assurer la victoire contre les Césars. Le second, suspendu sur la porte de la sacristie, est un *Saint François*. On a attribué ces toiles à Puget, sans preuve bien positive.

La chaire. — Menuiserie élégante exécutée par J. Sénéquier, sur les plans de son frère, B. Sénéquier. Les travaux de sculpture, dûs à Louis Hubac, ont été ainsi appréciés par M. Adolphe Meyer : « Sur le corps même de la Chaire sont sculptés en bas-reliefs les quatre évangélistes , dans des poses hardies qui rappellent Poussin. Au centre, est placé un médaillon de l'évêque d'Hippone. Le cul-de-lampe en dessous est formé par le serpent, symbole du mal, enlaçant le monde. Deux anges qui soulèvent de l'épaule la draperie de l'abat-voix sont d'un modèle plein de grâce et de vie. »

HOTEL-DE-VILLE.

Les Cariatides de l'Hôtel-de-Ville, dues au ciseau de **Puget**, ont une telle célébrité qu'il est inutile d'en signaler la remarquable exécution. Qui ne connaît le mot de Bernin lorsqu'il fut appelé en France par Louis XIV ? Ce grand sculpteur, à la vue de l'œuvre immortelle de Puget, dit qu'il ne comprenait pas qu'un roi possédant un semblable artiste l'eut fait venir, lui, d'Italie. On cite un autre fait qui témoigne de l'enthousiasme que ce chef-d'œuvre a toujours inspiré aux vrais artistes : On dit que Louis Hubac, notre illustre compatriote, chargé en 1827,

2

de la restauration des cariatides, pleurait en les couvrant de baisers.

Les autres parties de la façade de l'Hôtel-de-Ville n'offrent plus rien de remarquable. Différentes circonstances ont du reste contribué à défigurer ce monument. On l'a surélevé d'un étage, tandis que la base de l'édifice disparaissait par suite de l'exhaussement du quai.

La porte latérale qui s'ouvrait sur la rue de l'Hôtel-de-Ville vient d'être transformée en fenêtre. Il n'est pas sans intérêt de lire l'inscription qui a été gravée sur cette ancienne porte: «*Concordiâ parva crescunt.*»

GÉNIE DE LA NAVIGATION.

La colossale statue en bronze qui tourne le dos à l'Hôtel-de-Ville est celle du Génie de la navigation, montrant d'un geste hardi la voie des découvertes maritimes. Quatre bas-reliefs ornent le piédestal trop écrasé de cette œuvre remarquable exécutée par Daumas, l'un des élèves les plus distingués de David d'Angers.

MAISON DE PUGET.

Cette maison est située dans la rue Bourbon, non loin de l'Hôtel-de-Ville. Elle se fait remarquer par les sculptures qui la décorent. Puget avait, dit-on, embelli de ses peintures tout l'intérieur. C'était là qu'était le fameux tableau des *Parques*. Le plafond d'une des salles du second étage, affecté aujourd'hui au culte protestant est orné avec beaucoup de goût.

MAISON DE M. D'ANTRECHAUS

La maison du consul d'Antrechaus est située sur la place de la Poissonnerie. Sa porte d'entrée est surmontée d'un médaillon attribué à Puget. Cette maison de modeste apparence est deux fois illustre , les Toulonnais devraient se découvrir quand ils passent devant elle ; car, non seulement elle porte l'empreinte du ciseau d'un artiste célèbre ; mais encore elle fut la demeure du plus grand citoyen de Toulon.

Le consul d'Antrechaus fut le Belzunce de Toulon: il faut lire dans l'histoire de la peste récemment publiée par M. le docteur Lambert, les détails saisissants du dévouement sublime de ce magistrat, de ce père du peuple, qui vit mourir ses collègues, ses parents, ses serviteurs, sans défaillir un seul instant. (1).

----

(1) « Le Consul Jean d'Antrechaus contemplait ce grand désas-
» tre avec tristesse , mais sans désespoir ; après avoir remis de
» l'ordre dans l'administration, assuré les recettes de la ville, con-

HOPITAL DE LA MARINE.

En 1686, lors de l'agrandissement de Toulon, Louis XIV accorda aux Jésuites un vaste emplacement situé dans la nouvelle ville, et une somme de 70.000 livres, sous la condition de bâtir un séminaire pour les aumôniers de la marine. Puissamment aidés par cette double concession, les Jésuites firent construire le bel édifice qui est actuellement occupé par la Marine, mais qui conserva sa primitive destination pendant près d'un siècle.

Les sculptures de ce monument sont assez remarquables : deux colonnes accouplées, d'ordre ionique, supportent un entablement que surmontent les figures colossales de la Force et de la Piété. Entre elles est un écusson aux armes de France, soutenu par deux petits Génies. Au-dessous s'élève un belvedère qui sert d'observatoire.

» sidérablement diminuées, pourvu à tous les services, il chercha
» autour de lui ses collègues, ses amis, ses parents qui n'étaient
» plus, il se vit seul de tous ceux qui étaient entrés avec lui à l'Hô-
» tel-de-Ville, il y avait à peine dix-huit mois, portés par le
» vœu populaire, et alors comme la ville avait essuyé ses larmes,
» que l'heure des grands dévouements était passée, que le calme
» était revenu, en homme qui a noblement payé sa dette à la pa-
» trie et à l'humanité, il demanda de nouvelles élections, et le 8
» janvier 1722, il se retira dans sa famille. » (J. LAMBERT. *Hist.
de la Peste de Toulon en 1721, page 114).

GRAND THÉATRE.

Le nouveau théâtre est un beau monument, qui fait grandement honneur au bon goût de l'architecte qui a présidé à sa construction (1), et au talent des artistes qui l'ont décoré.

L'ensemble du monument présente quatre façades : la principale est élégante et gracieuse ; mais on lui reproche de manquer d'harmonie dans les détails. Les statues, du reste fort bien réussies, de Daumas , qui représentent l'une la *Comédie*, l'autre la *Poésie lyrique*, semblent mal à l'aise dans leurs niches trop étroites. Le splendide fronton de Klagmann est une œuvre extrêmement remarquable. Les façades latérales sont d'un bon style. La quatrième , située sur le boulevard Louis-Napoléon , est ornée de six statues, dues au ciseau de Montagne, elles représentent six muses : Polymnie, Calliope, Thalie, Melpomène , Therpsicore et Euterpe. Montagne et Daumas, dont il vient d'être parlé, sont deux sculp-

(1) M. Charpentier à qui l'on doit l'Opéra-Comique, le théâtre du Hâvre et celui d'Avignon. — Les premiers plans de notre théâtre avaient été dressés par M. Léon Feuchères ; mais ce dernier étant mort, M. Charpentier a été chargé de la direction des travaux et a dû modifier certaines parties du projet primitif; ainsi : les deux façades latérales et celles du boulevard sont de lui.

teurs du plus réel mérite , que Toulon s'honore de
compter parmi ses enfants. Leurs œuvres ne pâlis-
sent point assurément auprès des brillantes compo-
sitions des grands artistes qui ont concouru à l'or-
nementation extérieure et à la décoration intérieure
de notre théâtre , tels que : Klagmann , Devaux,
Simon, Desplechin.

ARSENAL ET BAGNE (1).

ENTRÉE DE L'ARSENAL. — La porte monumentale
qui se présente d'abord, mérite qu'on s'arrête devant
elle. Quatre colonnes accouplées, d'ordre dorique,
formées d'un seul morceau de marbre cipolin, soutiennent un magnifique fronton orné de deux statues, l'une de Verdiguier : représentant le dieu Mars,
et l'autre de Lange : représentant la déesse Minerve.
Entre ces deux figures existait autrefois une inscription qui a été effacée pendant la Révolution. Au-
dessus et des deux côtés d'une ancre qui a remplacé
d'anciennes armoiries , se tiennent deux génies ,

_____

(1) Pour visiter l'Arsenal, il faut une permission qui n'est jamais
refusée aux personnes qui peuvent justifier de leur identité au
moyen d'un passeport ou de toute autre pièce. Cette permission
est délivrée le matin à dix heures et demie, dans les bureaux du
Major Général de la Marine, situés sur le Champ de bataille.

sculptés par Hubac, aïeul de Louis Hubac, le regrettable et grand artiste toulonnais.

ASPECT GÉNÉRAL. — Quelque grandiose que soit l'aspect de l'Arsenal, avec son allée, d'un kilomètre environ, bordée d'un côté par l'immense bâtiment de la Corderie et de l'autre par les quais, les cales couvertes et le Magasin général, il est impossible à celui qui entre pour la première fois dans ce magnifique établissement, de se former une idée exacte de son étendue et de son importance.

Bien étonné, en effet, serait le visiteur auquel on dirait, ce qui est rigoureusement vrai cependant, que les divers bâtiments et les darses des arsenaux de Vauban, de Castigneau et de Missiessy occupent une surface totale de 200 hectares, c'est-à-dire de 2 millions de mètres carrés ; il serait plus étonné encore si on ajoutait que ces divers établissements se développent sur une ligne de 5 kilomètres, et qu'ils ont coûté en somme ronde plus de cent millions, sans compter les 40 millions que l'on doit dépenser pour prolonger l'arsenal Castigneau jusqu'à Lagoubran et au-delà.

Tous ces travaux n'ont pas été faits par une seule génération, comme on le pense bien. Fondé, sur des bases peu étendues, par le roi Henri IV, vers 1595, continué sous le règne de Louis XIII, et agrandi sous l'impulsion de Colbert et de Vauban, l'arsenal de Toulon n'a pas cessé depuis cette époque d'être l'objet de la sollicitude des gouvernements qui se sont succédé.

Ce fut en 1660 que Louis XIV, étant à Toulon, conçut la pensée de donner une grande extension à l'établissement fondé par son aïeul. Quelques années plus tard, en effet, le chevalier de Clairville, chef des ingénieurs militaires, était envoyé à Toulon, et dressait avec Vauban, qui lui succéda en 1678, les plans du vaste arsenal connu aujourd'hui sous le nom d'*Arsenal Vauban*, et qui depuis un demi-siècle a été quadruplé dans son étendue.

CORDERIE. — Il est impossible de ne pas reconnaître le génie de Vauban dans cette remarquable construction. Du seuil de la porte le regard émerveillé et satisfait tout à la fois, parcourt une immense salle voûtée et n'en voit le fond qu'à travers la plus imposante perspective que l'on puisse imaginer. Conception large, simplicité élégante dans l'ensemble, exécution parfaite dans les détails, tout est admirable dans ce chef-d'œuvre d'architecture, qui n'a pas moins de 400 mètres de profondeur. Mais l'attention est bientôt distraite par le bruit des machines qui semblent pressées d'en finir et qui, cependant, s'agitent sans cesse. Ici on les voit s'em parer du chanvre , plus loin elles le filent , puis le tortillent et commettent ensuite des cordages de toutes dimensions. Ainsi en entrant , on a vu la matière première entassée dans une vaste salle , et, après avoir assisté à une transformation instantanée et complète , on ne quitte pas l'atelier sans voir s'échapper des dernières machines, de gros câbles goudronnés ou de minces ficelles blanches , parfaitement confectionnées.

ATELIER DES FORGES. — La même activité, les mêmes merveilles obtenues par de puissantes et ingénieuses installations attendent le visiteur dans l'atelier des forges ; mais ici le bruit et la chaleur sont extrêmes , on est bien aise d'en sortir au plus tôt.

LES CALES COUVERTES. — En quittant l'atelier des forges, on est vraiment heureux de respirer le grand air. La mer, toujours calme et bleue, que l'on aperçoit à travers le feuillage des arbres et les cales couvertes , réjouit la vue. Les cales elles-mêmes , d'une construction hardie et imposante , méritent de fixer l'attention.

De nombreux ouvriers y travaillent sans encombrement autour des plus gros vaisseaux. Plus tard, lorsque le moment du lancement étant arrivé , ces vaisseaux ont quitté le chantier et sont majestueusement descendus dans la mer, en déplaçant une quantité d'eau prodigieuse (spectacle émouvant entre tous), on est étonné qu'ils aient pu être contenus sous des hangars dont on n'avait pas remarqué, tout d'abord, les vastes dimensions.

MAGASIN GÉNÉRAL. — Sur la même ligne que les cales couvertes, mais un peu plus loin, s'élève le le magasin général, beau monument de 104 mètres sur 20, qui fut construit au commencement de ce siècle, sur l'emplacement des anciens magasins élevés par Vauban, en 1679, et incendiés par les Anglais, en 1793.

PARC D'ARTILLERIE. — Si l'on voulait s'arrêter devant tous les édifices, et visiter tous les ateliers que renferme l'Arsenal, il faudrait y consacrer des journées entières et même des semaines ; aussi passe-t-on rapidement devant la plupart d'entre-eux. On est d'ailleurs pressé de voir le parc d'artillerie et la salle d'armes.

Un petit canal sépare l'Arsenal en deux parties. Dès que l'on a traversé ce canal, on aperçoit entassés sur les quais qui conduisent vers le parc d'artillerie, de nombreuses bouches à feu de tout calibre, simulant des batteries superposées. Ici sont des mortiers peints en noir portant des inscriptions qui rap-

pellent nos victoires du dernier siècle ; là ce sont
des montagnes de canons rayés qui disent nos récents
triomphes ; puis, au milieu d'une vaste cour, s'élève
isolé, un trophée construit avec les obusiers, les
canons et diverses autres pièces enlevées aux Russes.
Au sommet, sur un canon posé debout, portant le
nom de Sébastopol, se tient, les ailes déployées,
l'aigle impériale de Napoléon.

SALLE D'ARMES — Après avoir examiné en détail
les formidables objets qui peuplent cette partie de
l'Arsenal, on monte à la salle d'armes par un très
bel escalier situé à droite de la cour. Rien n'est plus
joli, ni plus coquettement installé que ce musée
d'artillerie. On se croirait dans un boudoir. Le jour
y est savamment ménagé ; une seule chose est regrettable, c'est le peu d'étendue et d'élévation de la
salle. On y manque d'air et d'espace.

BAGNE. — De la salle d'armes au bazar et au bagne
la course est longue ; mais on est si occupé de re-
garder les nombreux et magnifiques vaisseaux qui
sont alignés sur le quai, attendant leur tour pour
être armés ou réparés, que l'on oublie la fatigue.
Quand on pense que ces vaisseaux, véritables monu-
ments, coûtent l'un dans l'autre trois millions, et peuvent contenir, avec des approvisionnements pour six

mois, de mille à douze cents hommes, on comprend l'importance de l'établissement où ils se construisent et où l'on fabrique la plupart des objets qu'ils renferment.

Le bâtiment du bagne est très vaste, mais il n'a rien de monumental. Il n'a pas non plus l'aspect d'une prison. De grandes salles, parfaitement aérées et bien tenues, sont affectées au logement des forçats. Leur ameublement est très simple ; il se compose d'un immense et solide lit de camp, rien de plus. A la tête du lit sont roulées, pendant le jour, les couvertures dont s'enveloppent les condamnés pendant la nuit ; au pied du lit, de forts anneaux en fer reçoivent la barre de métal que l'on introduit dans la chaîne de chaque couple. Les forçats sont répartis dans ces chambres selon la durée de leur peine, de manière à ne pas mettre en contact les criminels endurcis avec les débutants, ni les condamnés à perpétuité avec ceux qui ne doivent passer que quelques années dans le bagne. Les mêmes précautions sont prises pour la distribution de la soupe qui se fait dans la salle où sont les lits ; chaque salle a une cuisine particulière où se préparent les aliments, que l'on fait passer à travers une fenêtre solidement installée.

A l'extrémité du bagne et en face d'une de ces salles, que l'on ne manque pas de visiter, se trouve le bazar où sont mis en vente les différentes ouvrages exécutés par les condamnés. Il y a toujours foule dans ce petit local, aux heures où l'Arsenal est accessible aux étrangers : chacun veut emporter un souvenir de son passage à Toulon, et comme, pour le plus grand nombre de visiteurs, Toulon c'est l'Arsenal, et l'Arsenal le bagne, il faut absolument qu'ils achètent une des mille inutilités, souvent très jolies et très artistement sculptées, qui sont exposées dans le bazar des condamnés.

BASSINS DE RADOUB. — Non loin du bagne, on remarque, en se dirigeant vers les bâtiments de l'horloge, trois grands bassins où s'exécute l'opération du radoub des vaisseaux. Le plus ancien de ces bassins, celui qui est le plus rapproché du bagne, fut construit en **1774**, par l'ingénieur Groignard, dont il porte encore le nom.

L'histoire de cette construction est intéressante.

Depuis fort longtemps on cherchait en vain le moyen d'établir des bassins de radoub dans les ports de la Méditerranée, où l'on n'avait pas, comme à Brest, la ressource de la marée basse pour réparer les vaisseaux. On se trouvait, par suite, dans la triste nécessité de démolir les vaisseaux qui auraient demandé un radoub considérable. Duguay-Trouin, pendant son séjour à Toulon, en 1732, avait appelé l'attention du roi sur cet objet, et depuis ce moment

les ingénieurs, stimulés par le Ministre de la Marine,
se livraient à des études constantes qui, jusqu'alors,
n'avaient pas abouti. Enfin, le 22 mars 1774, M.
Groignard, commissaire ordonnateur et ingénieur-
constructeur de la marine, présenta au conseil d'administration du port un remarquable projet, et lut
un très bon mémoire qui fut vivement applaudi. Le
11 août suivant, l'immense caisson, de 300 pieds de
longueur sur 100 pieds de largeur, dans lequel devait
être construit le bassin, fut mis à flot avec le plus
grand succès, et devint l'objet de la curiosité publique, le but de la promenade de tous les habitants de
la ville, qui étaient alors admis librement dans l'arsenal. Les nouvellistes et les plus incrédules, qui
doutaient de la réussite de cet ouvrage, accouraient
pour se convaincre de la vérité du fait. La caisse fut
coulée à 30 pieds de profondeur au-dessous du ni-
veau de la mer, dans un emplacement, situé devant
le bagne, qui avait été désigné par Duguay-Trouin.
Les travaux de maçonnerie commencèrent immédia-
tement et l'œuvre conçue par un homme de génie,
se réalisa de la manière la plus heureuse, malgré les
craintes qu'inspiraient les propos malveillants, et
toutes les difficultés que suscitait la jalousie au sa-
vant ingénieur, qui dotait le port d'une construction
éminemment utile.

Commencés en **1774** et terminés en **1779**, ces travaux coûtèrent trois millions.

Les deux autres bassins de radoub sont d'une époque plus récente. Le second fut construit de **1827** à **1838** par M. l'ingénieur Bernard, et coûta également trois millions, bien qu'on eût employé un moyen beaucoup plus expéditif : on remplaça l'immense caisson, dont s'était servi M. Groignard, par une enceinte de béton formant bâtardeau. M. l'ingénieur Noël, actuellement directeur des travaux hydrauliques, construisit en **1839**, le troisième bassin, qui est un peu plus grand que les autres, et dont la dépense ne s'est élevée qu'à **1,800,000** francs.

SALLE DES MODÈLES. — Après avoir admiré l'ingénieux système qui permet de vider ou de remplir ces grands bassins, et après avoir traversé l'un des bateaux-portes qui en ferment les issues, on revient vers les bâtiments de l'horloge où se trouve la salle des modèles, petit musée, renfermant en miniature les vaisseaux de diverses dimensions et la plupart des machines que l'on a pu remarquer dans cette rapide course sur les quais et à travers les ateliers de l'Arsenal.

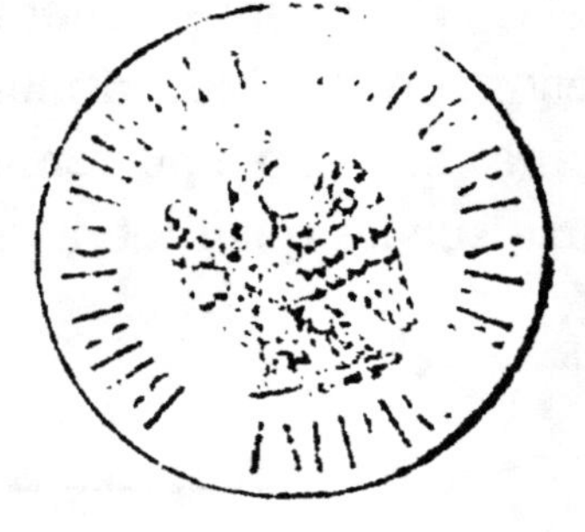

4

* 9 7 8 2 0 1 3 3 8 5 1 6 9 *